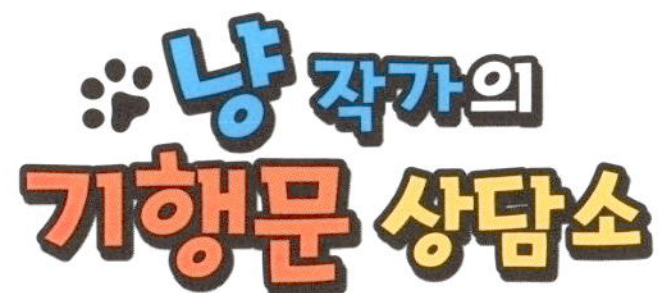
냥 작가의
기행문 상담소

글 즐비

즐비는 어린이들에게 즐거움을 주는 비밀 같은 이야기를 쓰고 있는 작가 모임이에요. 〈냥 작가의 상담소 시리즈〉는 어린이들이 읽는 즐거움뿐만 아니라 쓰는 즐거움까지 느끼기를 바라는 마음으로 기획했어요. 나른한 길고양이 누룽지가 아이디어를 제공하고, 정민지 선생님이 글을 쓰고, 연호 선생님이 만화 대본을 썼어요. 정민지 선생님이 지은 책으로는 《먼저 손을 내밀어 봐》, 《내 똥이야, 먹지 마!》, 《떴다 지식 탐험대: 식물》, 《안녕 자두야 인성 동화: 좋은 습관》 등이 있습니다.

그림 김창호

재미와 지식이 가득한 작품으로 어린이 친구들과 즐겁게 소통할 수 있는 만화를 그리고 있어요. 만화가 이태호 선생님 문하로 만화의 세계로 들어와 어린이 친구들에게 만화와 일러스트도 가르치고 있어요. 그린 책으로는 《알잖아! 플라스틱을 왜 줄여야 하는지》, 《책 도깨비에게 뚝딱 배우는 문해력: 어휘편》, 《문해력 미로에서 탈출하라!》 등이 있습니다.

초판 발행 2026년 2월 6일 | **초판 인쇄** 2026년 1월 26일
글 즐비 | **그림** 김창호
펴낸이 정태선 | **펴낸곳** 파란정원 | **출판등록** 제395-2010-000070호
주소 서울특별시 은평구 가좌로 175, 5층 | **전화** 02-6925-1628 | **팩스** 02-723-1629
제조국 대한민국 | **사용연령** 8세 이상 어린이
홈페이지 www.bluegarden.kr | **전자우편** eatingbooks@naver.com

ISBN 979-11-5868-311-5 74800
979-11-5868-240-8 74800(세트)

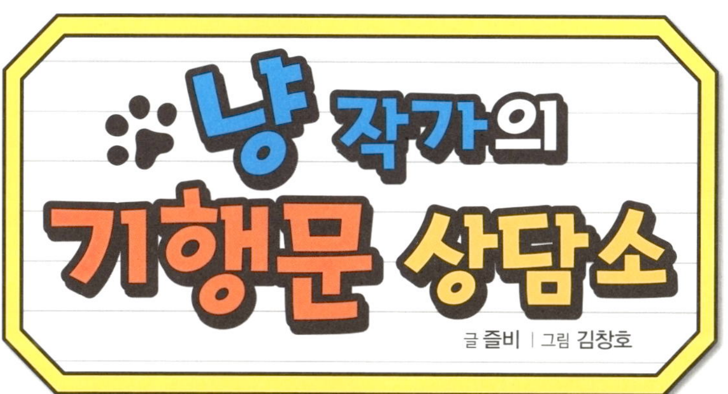
냥 작가의
기행문 상담소
글 즐비 | 그림 김창호

파란정원

차례

등장인물 소개

냥 작가

번개아파트에 사는 잘 구워진 식빵 색깔 고양이.
사람 말을 알아듣고 글도 아주 잘 쓴다.
아이들에게 고기를 받고 글 쓰는 방법을 알려 준다.
비행기를 너무 타 보고 싶어서
나영이가 제주도로 여행을 가게 된 것이
부럽기만 하다.

나영이

아빠 따라 제주도로 여행 갈 생각에 신이 났다.
학교에 체험학습을 신청해서 보고서로 기행문을
써 가야 해 골치가 좀 아프다.
하지만 냥 작가가 있으니 기행문쯤 아무 걱정없다.

한우

부모님이 식당을 운영하느라 바빠서
유치원을 할머니가 계신 제주도에서 다녔다.
나영이가 제주도에 간다는 소식을 듣고
할머니를 만나러 어떻게든 따라가려고 한다.

소리

제주도의 햇살만큼 반짝이는
한우의 유치원 때 친구.
나영이보다 먼저 한우와 단짝이었던 셈이다.
제주도에서 살며 해녀의 꿈을 안고
바다를 누빈다. 하지만 같이 놀 친구가
많지 않아 소꿉친구 한우가 그립다.

영재와 수재

공부를 잘해서 자신들을 스스로
천재 쌍둥이라고 부른다.
하지만 매일 반복되는 학원 일정과
산더미 같은 숙제가 힘들기도 하다.
나영이가 학교도 빠지고 놀러 간다는 소식에
어떻게든 엄마를 설득해야겠다고 결심한다.

백작님

나영이의 아빠이자 동화 작가.
어느 날 갑자기 글 쓰는 능력을 잃고
소파에서 웅크리고 낮잠 자는 시간이 길어졌다.
잠자면서도 글 쓰는 능력을 어떻게 하면
되찾을 수 있을지 고민이다.

제주도로 체험학습 가자

"으하함!"

냥 작가는 징검다리오솔길에서 입이 찢어져라 하품을 했어. 하필이면 그때!

'윙~ 윙~.'

방역 회사 직원이 오솔길에 살충제를 뿌렸지 뭐야. 아파트에서는 모기, 진드기 같은 해충을 없애기 위해서 몇 달에 한 번씩 살충제를 뿌리거든.

"캑캑! 여기 사람…… 아니, 고양이 있는 거 안 보이냥?"

냥 작가는 친환경 고양이야. 이런 화학 약품은 정말 싫어해. 고기도 유기농 소고기만 좋아한다고! 모기는 싫지만, 그렇다고 냥 작가의 쉼터인 징검다리오솔길에 살충제를 비처럼 뿌려 대는 건 정말 기분 나쁘다고!

"벌레 잡다가 고양이도 잡겠다냥!"

냥 작가는 너무 화가 나서 방방 뛰었어.

살충제를 뿌리면 비가 오기 전까지는 풀이며 나무에서 약 냄새가 진동해. 그래서 콧물도 나고 머리도 띵하지. 냥 작가는 화가 나서 털을 잔뜩 곤두세우고 징검다리오솔길을 나와 도서관으로 향했어.

나영이의 아빠이자 동화 작가인 백작님은 고민이 많았어. 원고 마감이 코앞인데 아직 원고를 절반밖에 쓰지 못했지. 사실 절반이라는 것도 진짜 절반은 아니야. '시작이 반'이라는 말이 있지? 그냥 시작만 했다는 뜻이야.

제주도!
제주도!
제주도!
바들
바들
써져라, 제발.

으아아아
제주도 설화를 기초로 한 엄청난 이야기를 쓰고 싶은데, 한 글자도 안 써져.
벌떠억

그래, 제주도로 직접 가자! 가서 제주의 설화가 살아 숨 쉬는 현장을 느끼면, 집 나간 글쓰기 능력도 돌아올 거야.
후다닥

아빠, 어디 가세요?
자료 조사하러 제주도!
같이 갈래?
주섬주섬

노는 일에 이 백나영이 빠질 순 없죠.
그렇지!

제주도다! 제주도!
제주도다! 제주도!

"나영아, 이 책 좀 작은 도서관에 반납해 줄래? 아빠는 여행 준비를 해야 하니까."

"옙!"

나영이는 촐랑촐랑 도서관으로 뛰어갔어. 나영이는 도서관에서 숙제를 하고 있는 한우에게 곧장 달려갔지.

"우리 번개아파트 좀 잘 지키고 있어! 나는 여행을 다녀올 거거든!"

"여행을 가냐옹?"

책장 위에서 잠을 자던 냥 작가가 스르륵 흘러 내려와 나영이 얼굴에 바짝 다가갔어.

"깜짝이야! 냥 작가, 소리 좀 내고 다녀! 근데 바람 솔솔 징검다리오솔길에 있지 않고, 왜? 아! 책 읽으러 왔어?"

"아니, 낮잠 자러 왔다냥. 그런데 여행을 어디로, 누구랑 가냥?"

"아빠랑 제주도!"

이번에는 한우가 나영이 곁에 바짝 붙어 앉았어.

"우리 외할머니 댁이 제주도라고 이야기했었나?"

"그래서?"

나영이는 별로 관심이 없었어.

"할머니 보고 싶은데, 우리 엄마 아빠는 식당을 하시니까 문을 닫고 제주도에 가기가 힘들어. 아, 할머니 너무~ 보고 싶다. 우리 할머니 집은 제주도 전통 가옥이라 민속촌에서 자는 기분일걸. 나랑 같이 가면 뭐, 당연히 방은 공짜로 묵을 수 있는데."

"숙소는 아빠가 알아서 하시겠지!"

"우리 할머니 집엔 귤나무도 있어서 마음대로 따 먹을 수도 있다. 우리 귤 진짜 맛있는데, 아쉽다."

"귤이라고? 달콤한 귤을, 손바닥이 노래질 때까지 먹을 수 있다고? 좋아! 같이 가자."

"집 나가면 고생이다냥! 뭘 그렇게 난리냐옹?"

냥 작가는 관심 없는 척했어.

"야호! 비행기 탄다!"

한우는 자리에서 일어나 오두방정 춤을 추느라 냥 작가의 말이 들리지 않았어.

냥 작가는 마음이 부러움에 와르르 무너져 내리는 것 같았어. 사실 냥 작가의 소원 중 하나가 하늘을 나는 거야. 유니콘처럼 날개를 달고 하늘을 날 수도 있고, 로켓을 타고 하늘을 나는 것도 멋지겠지. 하지만 캐리어를 끌고 사뿐사뿐 걸어가서 비행기를 타고 하늘을 나는 고양이라니! 정말 멋지지 않을까?

냥 작가가 상상의 나래를 펼치는 동안 한우와 나영이는 동시에 제집으로 쌩 달려갔어.

"아니, 아니! 그래도 난 여행 싫다냥!"

냥 작가는 맘에도 없는 소리를 했어. 비행기도 타고 싶고, 살충제로 뒤덮인 징검다리오솔길도 비가 올 때까지 떠나 있고 싶었어. 하지만 아무리 그래도 백작님하고 함께 여행을 간다는 건 상상할 수도 없어. 마른하늘에 갑자기 번개가 쳤던 그날의 기억 때문이야.

그날 이후, 냥 작가는 사람 말과 글을 쓰는 작가 고양이가 되었어. 덕분에 나영이랑 한우와 친구가 되었지. 동화 작가인 백작님은 어떻게 되었냐고? 고양이로 변하지는 않았지만, 글은 잘 못 쓰게 되었대. 냥 작가는 백작님을 볼 때마다 괜히 미안해서 피하고 있어.

"냐~~~~옹!"

냥 작가는 세상 가엽고 기운이 하나도 없는 소리를 냈어. 끙끙 앓는 소리 같았지.

다음 날, 냥 작가의 마음도 몰라주는 나영이와 한우는 꼬꼬쌤에게 체험학습 신청서를 냈어.

"아! 제주도 정말 아름다운 섬이지. 이번 체험학습 보고서는 기행문 형식으로 잘 써 보렴."

"기행문이요? 그게 뭐예요?"

나영이가 고개를 갸웃했어. 옆에서 보고 있던 영재가 놓치지 않고 잘난 체를 했지.

"에휴! 기행문이 뭔지도 모르다니, 나영이는 정말 언~빌리버블이야!"

하지만 속으로는 나영이가 부러워서 그랬어.

"기행문이 뭔지 잘 모르는 친구들이 있는 것 같아요. 오늘은 꼬꼬쌤이 설명해 줄게요."

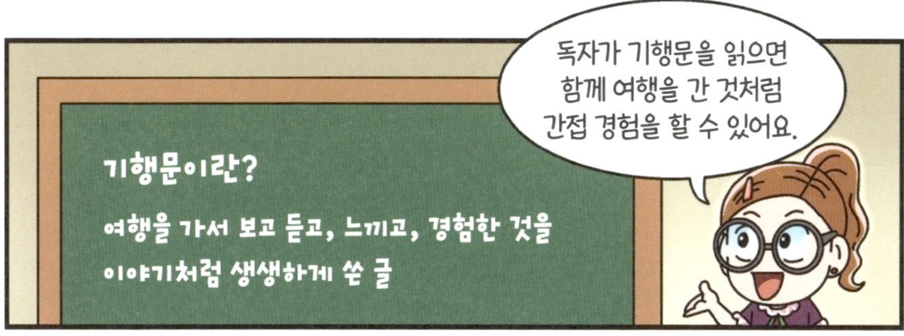

*백문이 불여일견 : 백 번 듣는 것보다 한 번 보는 것이 낫다.

*불가사의 : 사람의 생각으로는 미루어 헤아릴 수 없이 이상함.

나영이와 한우가 여행 계획으로 신나서 방방 뛰던 그날 오후 영재와 수재는 엄마와 함께 새로운 영어 학원에 테스트를 보러 갔어. 영어 작문 실력이 부족하대. 물론 이건 엄마 생각이야.

"이걸 다 풀라고요? 아, 난 한자가 더 좋은데!"

수재는 문제를 보자마자 머리가 지끈지끈했어.

"이 정도는 너무 쉬운데? 한 레벨 더 높은 문제 없어요?"

영재는 어깨를 으쓱했어.

천재 쌍둥이들은 영어 테스트를 보는 데만 두 시간이나 걸렸지 뭐야. 영어를 좋아하는 영재도 영혼이 탈탈 털린 기분이었어.

누구는 제주도에 가는데, 누구는 종일 공부를 해야 하다니. 수재는 더 이상 참을 수가 없었어. 영어에서 벗어나기 위해 무슨 수라도 써야 했지. 수재는 용기를 내서 엄마를 졸랐어.

"엄마! 우리는 지금 영어가 문제가 아니에요. 한국어가 탄탄해야 영어도 잘할 수 있다고요."

"그건 그렇지!"

"그래서 말인데, 우리 아무래도 글쓰기 캠프를 다녀와야겠어요. 나영이 아빠가 동화 작가인 거 아시죠? 이번에 한우도 기행문 쓰기 배우러 제주도에 따라간대요. 우리도 가면 안 돼요?"

수재는 영재를 쿡 찔렀어. 눈치 빠른 영재는 금방 알아차렸지.

"뭐, 저도 기행문 쓰는 게 좀 어렵기는 하더라고요. 기행문을 쓰다 보면 일기처럼 쓰는 건가? 설명문처럼 쓰는 건가? 헷갈리기도 하고."

"그래? 그럼 엄마가 잘 부탁드려 볼게."

*일취월장 : 날마다, 달마다 성장하고 발전함.

마침내 제주도 여행 가는 날, 공항에 백 작가와 나영이, 한우, 영재, 수재가 모였어. 영재는 커다란 가방을 두 개나 끌고 왔어.

"아! 맞다! 쇼펜하우어 책을 빼먹고 왔네!"

"뭐? 슈퍼맨하우스?"

한우는 자기가 읽어 본 만화책 같아서 머리를 굴려 봤지만 떠오르지 않았어.

"에휴! 됐어! 너의 관심은 고맙지만 사양할게~."

백작님은 서둘러 비행기 탑승 수속을 했어. 아이들 짐을 하나하나 올려 무게를 쟀어.

"아, 뭔가 계획이 잘못되어 가고 있는 것 같아!"

백작님은 출발도 하기 전에 피곤해졌어.

"아빠! 제 가방도요!"

화장실에 다녀온 나영이도 커다란 가방을 끌고 아빠에게로 급하게 가고 있었어. 그런데 뭔가 중요한 걸 두고 온 것처럼 자꾸 뒤를 돌아보게 됐지.

"이 허전한 기분은 뭘까?"

그때 갑자기 나영이의 가방이 흔들흔들 혼자서 움직이더니, 툭 하며 열리지 뭐야.

"냐옹!"

가방에서 세상 귀여운 눈을 한 냥 작가가 고개를 쏙 내밀었어.

왜 여기 들어가
있는 거야?
냥 작가!

너희가 기행문을
쓴다는데, 걱정돼서
가만 있을 수 없었다냥.
나도 사실
진짜 가고
싶었다냥.
휙

잘했어, 냥 작가.
글쓰기에 냥 작가가
없어서 나도 뭔가
허전하더라.
캑, 두 번만
반가우면
나 죽는다냥.
와락

아빠, 우리 일행이
하나 더 늘었어요.
냥냥이예요.
어? 그… 그래.

난 넓은 일등석이 좋다냥.
답답한 건 싫다냥.

제주도까지 헤엄쳐
가는 건 어때?
아니다냥.
얌전히 있겠다냥.

저 고양이가 말을 해.

엄마, 나도 말하는 고양이 사 줘.

냐옹~

분명 말했는데….

냥 작가의
기행문 상담소

냥 작가님!

기행문은 꼭 먼 곳에 여행을 다녀와야 쓸 수 있는 거예요?

- 소풍을 좋아하는 2학년 미소

소풍이나 견학을 다녀온 경험으로도 기행문을 쓸 수 있을까?

꼭 멀리 긴 여행을 다녀와야 기행문을 쓸 수 있는 건 아니야. 가까운 박물관에 견학을 다녀오거나, 소풍을 다녀온 것도 기행문으로 쓸 수 있어.

기행문은 이곳저곳을 다니며 경험한 것과 느낀 것을 기록한 글이라는 뜻이야. 당연히 여행하거나 견학한 시간이 꼭 길어야 할 필요는 없어. 몇 시간의 박물관 견학으로도 얼마든지 멋진 기행문을 쓸 수 있어.

냥 작가의 기행문 비법

여행을 떠나기 전에 준비하라냥!

다른 사람들의 기행문을 읽어 봐

유명한 여행기 책들을 읽으면 기행문을 쓰는 데 도움이 된다냥. “걸리버 여행기”나 “동방견문록” 같은 책들 말이다옹. 여행기는 기행문보다는 긴 여행에 대해서 이야기 형식으로 쓴 것이지만, 그래도 비슷한 점이 많다냥. 재미난 여행기를 읽다 보면 여행 다녀온 이야기를 얼마나 흥미롭게 쓸 수 있는지 알게 될 거다냥.

여행 가는 곳에 대한 자료를 미리 찾아봐

많이 알수록 더 많은 것을 보고 느낄 수 있다냥. 자연환경, 역사, 지리적 특징 등등 자료를 찾다 보면 그곳에 대해 더 많이 이해할 수 있다옹. 같은 곳을 다녀온 사람들의 후기를 보는 것도 도움이 된다냥.

한우의 제주도 친구 소리

"할망~."

한우가 문 앞에 나와 계신 할머니에게로 달려가며 소리쳤어. 구멍이 숭숭 뚫린 현무암으로 쌓은 돌담은 낮아서 그런지 정답게 느껴졌지.

"우리 강생이 한우! 살이 쏙 빠졌주!"

할머니의 말에 영재가 고개를 갸웃하며 말했어.

"제주도 사투리는 뭔가 요즘 아이들이 하는 말과 비슷한 것 같주~."

"초대해 주셔서 감사합니다!"

백작님이 꾸벅 인사를 했어.

"다들 오느라 고생헙서! 얼른 안으로 들어갑서!"

마당 한편에는 현무암으로 울타리를 쌓아 만든 흑돼지 우리가 있었어. 작고 똥똥한 까만 돼지가 고개를 빼꼼 내밀고는 꿀꿀거렸어. 그 뒤로 나쁜 기운을 막아 준다는 돌하르방이 떡하니 서 있었지. 냥 작가는 신기한 게 많아서 입이 근질거렸어.

'아, 궁금해서 수염이 간질간질하다냥! 제주도 문은 왜 저렇게 생겼냥? 돌에는 구멍이 왜 뽕뽕 뚫려 있냐옹? 저렇게 까만 것도 돼지냐옹? 궁금해, 궁금하다냥!'

하지만 나영이에게 꼭 안겨서 보통 고양이처럼 굴었지.

한우 왔수광?
어? 소리야~.
뭐, 뭔 광?

어맛!
한우야!
툭

왜 짜증이 나지?
소, 소리야,
자… 잠깐.
파이어

제주도 오민 폭삭 속았쪄~.
무사, 연락도 하나 안 해마씸?
육지 친구가 게난 좋암시냐?
내 선물은 안 샀주게?
번역
제주도 오느라 정말 수고했어.
그동안 왜 연락 안 했어?
육지 친구가 그렇게 좋아?
내 선물은 사 왔어?
다다다다다다

제주도 말
너무 귀여워.
아, 정답 맞히고 싶다.
도대체 무슨 말이지?

안녕, 나는 한우
신부가 되기로 약속한
'고소리'라고 해!
쿵
콰과광

아, 시끄러워! 뭔 말인지
하나도 못 알아듣겠네.
아, 미안.
사투리가 어려웠지?

하, 하하하.
유… 유치원 때
장난이야.
누가 뭐래? 그나저나
표준어도 잘하네.
그러게.
아나운서 보는 줄.

나, 얘가 싫어!
화르르르

"소리야, 제주도 집 좀 소개해 줘! 내가 체험학습 보고서로 기행문을 써야 하거든!"

영재는 눈빛을 반짝이더니 커다란 공책을 척 꺼내 들었어. 공책 첫 줄에 '제주도 스타일 하우스'라고 또박또박 적었지. 소리는 영재가 뭘 원하는지 척 하고 알아들었어. 소리는 할머니 효자손으로 휙 하고 지붕을 가리켰어.

"저 지붕을 봐! 제주도에는 비바람이 많아서 이런 초가집 지붕은 억새로 그물처럼 엮어서 고정해 두고 있어. 집을 둘러싸고 있는 저 돌담 예쁘지? 현무암이라는 돌인데, 현무암은 화산이 폭발하면서 분출된 용암이 빠르게 굳어진 돌이야. 그래서 구멍이 숭숭 나 있지."

이 돌하르방도 현무암으로 만들었어. 나쁜 기운을 막아 준다고 믿고 있지.
찰칵
사진기에 다 담아 두어야지!
찰칵
제주도 대문은 좀 특별해. 나무 막대를 걸어서 사용하는데, 정낭이라 불러.
세 개가 모두 걸려 있으면 집주인이 아주 오랫동안 집을 비우니 들어오지 말라는 뜻이야.
두 개는 좀 멀리 나갔을 때, 하나는 곧 돌아온다는 뜻이고.
하나도 안 걸려 있으면, 주인이 집에 있다는 뜻이지.
찰칵
물론 난 한우랑 찐친이라 정낭하고 상관없이 드나들기는 해.
찐친? 찐빵이겠지!

귤나무
제주 초가집
(지붕을 새끼줄로
단단하게 묶음)
와, 난 어쩜 이렇게
정리도 잘할까!
여자 방
남자 방
부엌
마루
돌하르방(현무암)
뽀송뽀송
제주 흑돼지
장독대
화장실
돌담(현무암)
정낭(제주도식 대문)

“냥 작가, 기행문을 쓸 때 저렇게 공부를 해야 해?”

나영이가 냥 작가에게 조용히 물었어.

“자료를 많이 모아 두면 나중에 글을 쓸 때 좋은 자료들이 된다냥.”

“그래? 그럼 난 소리에 대한 정보를 저장해 놔야겠어.”

나영이는 주머니에서 아빠가 쓰는 작은 녹음기를 꺼내서 중얼거렸어.

“이름 고소리. 한우의 절친이라고 하지만 사실은 혼자만 그렇게 생각하고 있는 것 같음. 한우는 이미 제주도에서 보낸 어린 시절은 기억하지도 못할 것임. 별명은 아마도 ‘고사리’겠지? 목소리 톤이 높아서 상냥? 아니, 듣기 불편함. 웃는 모습도 별로 귀엽지 않음.”

냥 작가는 고개 대신 꼬리를 살랑살랑 흔들었어.

“정보만 모으려고 하기보다는 신나게 놀고먹고 하는 것도 중요하다냥! 일단 여행을 잘 즐겨야 감동적인 기행문을 쓸 수 있다냥.”

“아하! 기행문은 아주 좋은 거구나!”

나영이는 기분이 좋았어. 잘난 척 천재 쌍둥이보다 기행문을 더 잘 쓸 수 있을 것 같은 자신감이 들었거든. 그런데 그때…….

"앗! 이건 생선구이와 돼지고기볶음 냄새. 음, 그리고 미역국 냄새인데!"

나영이는 냄새를 따라 부엌으로 갔어. 고양이보다도 한 발 앞선 나영이의 음식 냄새 맡는 능력에 감탄하며 한우도 달려갔지. 나영이는 부엌에 펼쳐진 광경을 보며 감동의 군침을 흘렸고, 한우는 깜짝 놀라 소리쳤어.

"할망! 이걸 어떻게 다 먹언!"

전복, 소라가 큰 접시에 넘쳐 나고, 돼지고기볶음에 성게미역국, 갈치구이, 쫄깃한 오메기떡까지 상다리가 진짜 부러질 듯 부들부들 떨고 있는 것 같았어.

"백작님, 밥 잡수라 허라."

할머니가 밥을 밥공기에 한가득 담으며 말했어.

고기가 먹고 싶지만 보통 고양이 행세를 해야만 하는 가여운 냥 작가는 마당 담벼락으로 훌쩍 올라갔어. 사실 훌쩍이라기보다는 '영차' 하고 온 힘을 다해서 올라갔지. 고양이의 날렵함이라고는 찾아볼 수 없었어. 냥 작가는 담벼락을 따라 걷다가 그만 중심을 잃었어.

"어? 어! 냐아앙!"

'쿵!'

냥 작가는 그만 흑돼지 우리로 떨어졌어.

"냐앙! 더러운 돼지우리에 떨어졌다냥!"

"더럽다고꿀?"

까맣고 반들반들해서 깔끔해 보이는 흑돼지가 동그란 눈으로 냥 작가를 내려다보며 말했어.

"아! 그, 그게 아니다냥! 원래 '돼지우리'는 더러움의 상징이다옹! 나영이 엄마도 늘 나영이 방이 돼지우리 같다고 하신다냥. 그냥 그런 일반적인 의미에서……."

하지만 돼지우리치고는 너무 향기로운 냄새가 났어. 커다란 돼지 밥그릇에는 사료와 귤껍질이 섞여 있었지.

냥 작가는 흑돼지를 보며 고개를 갸웃했어.

"너는 내가 보던 보통 돼지랑은 다르다냥! 색깔도 검정이다옹!"

"너도 내가 보던 고양이랑 다르다꿀."

냥 작가는 자기에게서 유명 소설가들에게서 느껴지는 품격이나 고뇌 같은 게 풍기나 싶었어.

"꾸울~, 너는 아주 튼실해서 고양이가 아니라 우리 돼지랑 더 비슷한 것 같다꿀!"

"아니다옹! 나, 날씬하다옹! 털이 찐 거다냥!"

"왜? 튼실한 게 나쁘다고 생각하냐꿀? 그런 사회적인 판단은 신경 쓰지 마라꿀."

냥 작가는 흑돼지가 보통의 돼지와는 달라도 너무 다르다는 생각이 들었어.

"어? 너도 혹시…… 벼락 맞은 적이 있냐옹?"

"꿀! 제주도에 여행 왔던 철학과 교수님이랑 같이 맞았다꿀."

"아, 역시. 사실은 나도 벼락을 맞은 적이 있다냥. 나영이의 아버지, 백작님과 눈이 마주친 순간 벼락을 맞았다옹. 그 후로 나는 사람들의 말도 할 수 있게 되었고, 글을 쓰는 능력도 갖게 됐다냥. 대신 백작님이 글 쓰는 능력을 잃은 것 같아 마음이 아프다옹."

"그렇구나꿀."

"그럼 너는? 너는 철학과 교수님처럼 인생에 대한 깊은 고민이 많아졌냐옹?"

"아니다꿀. 지금 내가 가진 것들에 감사하며 산다꿀."

낭만이 있는 흑돼지는 그렇게 말하고는 울타리 사이에 핀 작은 풀꽃의 향기를 맡았어.

냥 작가는 사람들이 여행을 좋아하는 이유를 알 것 같았어. 여행을 통해서 이렇게 다른 생각으로 살아가는 친구를 만나 이야기를 나눈다는 건 길을 가다 보석을 발견한 느낌이었어. 자유로운 냥 작가의 삶과 안전한 우리 안에서의 삶에 대해서도 생각해 보았지.

"모두 식사하러 오세요!"

한우가 소리쳤어. 마루에는 많은 음식들이 가득 차려져 있었지. 흩어져 있던 아이들이 우다다 모여들었어.

"이런 진수네성찬은 처음이야!"

수재가 상차림 사진을 찍으며 말했어.

"진수성찬이겠지!"

소리가 웃으며 바로잡아 주었어.

"하하하! 갑자기 내 친구, 진수가 생각나서!"

아이들은 깔깔깔 신나게 저녁을 먹었어, 나영이만 빼고. 나영이는 소리가 왜 같이 저녁을 먹어야 하는지 심통이 났어. 삐죽 나온 입으로 마루에 앉아 귤을 까먹으며 밤늦게까지 냥 작가에게 투덜거렸지.

냥 작가,
아까 밥 먹을 때 한우가 소리 깻잎 잡아 주는 거 봤어?
턱

난 못 봤다냥.
난 생선 하나 들고 마당에 나가 먹었다냥,
보통 고양이처럼.
나도 고기가 먹고 싶었다냥.

하, 진짜 웃겨! 자긴 손이 없어?
애기야? 외국인이야?
젓가락질도 못해?
냠냠냠

서로 돕고 그러면 좋다냥.
너 질투하냐옹?
아옹
질투? 나 참! 난 그냥 한우의 과한 친절에 대해서 친구로서 걱정하는 거야.

복잡한 마음을 글로 써 보라냥. 오늘 있었던 일과 감정을 기록해 두면 나중에 기행문 쓸 때 도움이 된다냥.
?

아, 입맛도 없다.
너 20개도 넘게 먹었다냥.
그냥 배부른 거다냥.
탁 탁

냥 작가의
기행문 상담소

냥 작가님!

즐겁게 잘 놀았으면 됐지.

왜 힘들게 기행문을 써야 해요?

- 3학년 쌍둥이, 예승이와 예주

기행문을 왜 써야 할까?

사람들이 사진을 찍는 건 그것을 오래 기억하고 싶기 때문이래. 기행문도 비슷해. 오래오래 기억하고 싶은 좋은 여행을 다녀왔다면 사진만으로는 부족하지!

기행문을 쓰면 경험했던 일들과 감정까지 자세하게 적어서 남길 수 있잖아. 또, 기행문을 쓰면서 그날의 기억을 되돌아보며 기쁨을 다시 느낄 수도 있어. 그리고 그 기억을 글로 남겨 언제라도 꺼내 볼 수 있게 되지. 게다가 다른 사람과 나의 여행 기록을 공유할 수도 있다고!

냥 작가의 기행문 비법

여행 일정을 미리 정리해 보자냥.

여행을 가기 전에 미리 여행 일정을 아래 표처럼 정리해 보라냥. 나중에 기행문을 쓸 때 아주 편리하다냥.

여행 날짜	11월 12일 ~ 11월15일
장소	제주도
함께 가는 사람들	백작님, 냥 작가, 한우, 영재, 수재
여행 목적	제주도의 대표 음식 먹고 신나게 놀기
여행 일정	1. 김포공항에서 비행기 타기 2. 제주도 도착. 한우네 할머니 댁에 도착해서 인사 드리고 짐 풀기 3. 귤 따서 먹기 4. 바닷가에서 해녀 체험하기 5. 한라산에 오르기 6. 비행기 타고 집으로 돌아오기

할머니와 함께하는 해녀 체험

"바다 가자~~~."

나영이가 아침을 먹자마자 고래고래 소리쳤어. 나영이는 노는 것도 일등, 먹는 것도 일등이라니까!

"역시 나영이는 놀짱먹짱이야!"

수재가 나영이를 향해 엄지손가락을 들어 올렸지.

"그게 뭐야? 좋은 거야? 그것도 사자성어야?"

나영이는 칭찬을 들은 것 같아 기분이 좋았어.

"그건 내가 만든 말이지! 노는 것도 짱! 먹는 것도 짱! 공부는……, 흠."

영재는 수재의 말에 배꼽을 잡고 웃었어. 나영이는 '이게 그렇게 웃을 일인가?' 하고 생각했지.

'두고 봐! 잘난 척 천재 쌍둥이! 내가 기행문만큼은 너희보다 더 잘 쓸 자신 있으니까. 놀짱먹짱의 능력을 보여 주겠어!'

나영이는 주먹을 불끈 쥐었어.

바다로 가는 차에서 맨 뒷자리에 앉은 나영이가 냥 작가를 콕콕 찔렀어.

"냥 작가, 기행문을 잘 쓰려면 어떻게 해야 해?"

여행의 과정이나 일정

여행하며 보거나 들은 것

감상

여행하며 든 생각이나 느낌

여행 중 보거나 들은 것들을 통해서 든 네 생각이나 느낌을 잘 정리해서 쓰면 된다냥.

"기행문을 잘 쓰려면 먼저 여행 일정이 알차야 한다냥. 또, 여행하는 동안 잘 보고 들으려고 노력하고 생각을 해야 한다옹. 세상에 공짜는 없다냥. 나중에 꼭 고기로 갚아라냥!"

"아이, 비행기 태워 줬잖아! 그 정도면 기행문은 공짜로 봐 줘야지!"

나영이는 그렇게 대충 얼버무리고 생각이라는 것을 좀 해 보려고 했어. 그런데 눈꺼풀이 스르륵 흘러내려서 눈을 잠깐 감았다가 뜬 것 같은데, 이미 푸르른 바닷가에 도착해 있었지.

할머니는 부릉부릉 멋진 오토바이를 타고 따로 오셨어. 어찌나 바쁘신지 벌써 이른 아침에 해녀 회의를 다녀오셨다지 뭐야.

늦가을이라 물은 좀 차가웠지만 다행히 해가 쨍쨍한 날이어서 물에 들어갈 만했어.

할머니는 준비해 온 어린이용 해녀복을 아이들에게 나눠 주었어. 아이들은 옷을 입느라 낑낑거렸지.

"으~, 고무옷이 너무 꽉 끼어요!"

이건 테왁이라고 물에 띄워놓는 공이주게. 할머니 해녀들이 물질하다가 힘들은 붙잡앙 숨도 고르고, 또 멀리서도 '저기 해녀가 있구나.' 알 수 있주게.

나중에 기행문 쓸 때 이 내용은 꼭 써야겠어요.
찰칵

그런데 이 그물 주머니는 뭐지?

망사리라고 하는 건데, 테왁에 걸어 두고 소라나 전복 같은 걸 따서 넣어 두는 거야.

나도 오랜만에 물질 좀 해 볼까!
그럼 소리 빼고 다른 아가들은 가까운 물에서 놀아마씸.
소리 빼고? 물에서 놀라고?

할머니 말씀에 나영이는 자존심이 상했어.

"할머니! 저도 수영 잘해요! 수영 대회 나가서 은메달을 딴 적도 있다고요! 소라나 전복도 엄청~ 잘 잡을걸요? 대결도 자신 있어요!"

"게난 요기서 허라. 저 멀리 가지 말앙."

"뭐야? 그럼 소리랑 나영이가 대결하는 거야? 당연히 소리가 이기겠지!"

영재가 큰 소리로 나영이의 승부욕을 깨웠어.

"소리는 바다에서 살았는데! 당연히 소리가 이기지."

누가 쌍둥이 아니랄까 봐 수재도 소리 편을 들었어.

"나영아! 괜히 졌다고 속상해하지 말고 여기서 낮잠이나 자자. 나도 전에는 수영을 진짜 좋아했는데, 이제는 물만 봐도 털이 곤두서는 느낌이야."

백작님은 파라솔을 펴고 그 아래 누워서 빵 굽는 고양이처럼 웅크리고 누웠어.

나영이는 한우를 째려봤어. '너도 내가 질 거라고 생각해?' 하는 눈빛이었지.

"나, 나는…… 이기는 편이 우리 편이지! 히히!"

한우는 눈치도 없이 해맑게 웃었어.

냥 작가는 바다에서 벌써 홀로 수영을 즐기고 있었어. 예전에 물개라고 불리던 백작님처럼 엄청난 수영 솜씨를 뽐내면서 말이야.

"냥 작가 고양이 맞아? 왜 저기서 수영을 하고 있는 거야? 나나 좀 도와주지!"

나영이가 투덜거렸어.

"내가 도와줄게! 이렇게 생긴 게 전복, 이렇게 생긴 게 소라야!"

소리가 휴대폰 사진으로 친절하게 보여 줬어.

"알아, 알아! 소라든 전복이든 열 개 먼저 따는 사람이 이기는 거다!"

나영이가 자신만만하게 이야기했어. 공부라면 자신 없지만 체육이라면 언제나 나영이가 일등이었으니까.

"준비~, 시작!"

영재가 박수를 탁 쳤어. 두 아이는 동시에 퐁당~ 바다로 점프했어. 소리는 숨을 깊이 들이마시고 바다로 들어가자마자 소라 하나를 건져 냈어. 마치 트로피를 들어 올리는 올림픽 출전 선수처럼 멋지고 빛이 났지.

"우와~."

아이들이 일제히 박수를 쳤어.

나영이는 한참을 잠수해서 이리저리 살펴보았지만, 소라인지, 돌멩이인지도 구분이 잘 안 갔어.

우와,
엄청 예쁘다!
아, 놀고 있을 때가
아니지 전복,
소라 잡아야지.

아싸, 찾았다!

버터 봐야 소용없어.
항복해라, 전복!
끼잉
끼잉

대왕 전복
잡았어요!
촤악

에헤! 그건 그냥 납작한
돌멩이주게.
에이~.
휘익

소리의 망사리에는 하나, 둘, 셋, 넷, 소라와 전복이 늘어가는데, 나영이는 아직 하나도 잡지 못했어.

나영이는 안 되겠다 싶어 튜브 위에 누워 바다를 즐기고 있는 냥 작가에게로 갔어.

"냥 작가! 너 정말 이럴 거야? 나 좀 도와줘. 고양이들은 작은 동물 사냥을 잘하잖아. 나 소라랑 전복 따는 것 좀 도와줘."

"고기를 안 먹었더니 아무 생각도 안 난다냥."

"능! 자! 까!"

나영이가 호랑이 눈으로 냥 작가를 쳐다봤어.

"아, 알았다냥. 우선 사냥의 기본은 예리한 눈이다냥. 내가 원하는 물체와 비슷하게 생긴 것이 어디 숨어 있는지 돌멩이를 치워 가며 잘 살펴봐야 한다냥. 대충 보면 안 된다냥. 동물들은 위장과 숨기의 고수다냥!"

"알겠어. 돌멩이와 전복은 분명 비슷해 보이지만, 다른 게 있어. 오케이!"

나영이는 다시 물속으로 뛰어들었어. 나영이는 포기하지 않고 열심히 물살을 헤쳤어. 하지만 아쉽게도 하나 차이로 소리가 이겼지 뭐야.

소리가 잡은 소라와 전복은 내다 팔아도 될 만큼 크고 튼실해 보였고, 나영이가 잡은 소라와 전복은 아기 손바닥만 했어. 너무 작아서 '이게 크면 전복이 되는 게 맞나?' 싶은 정도였지.

아이들은 우르르 모래사장이 보드랍게 깔린 바닷가로 달려가서 놀았어. 나영이는 풀이 죽어서 아기 전복과 소라를 하나하나 바다로 돌려보내고 있었지. 그때 소리가 다가왔어.

“나영아, 처음인데 이 정도면 너무 잘한 거야.”

나영이는 소리의 얼굴을 보았어. 언니처럼 다정한 미소를 짓고 있었지. 나영이는 더 짜증이 났어.

‘무슨 자기가 언니야? 선생님이야?’

나영이는 일부러 눈길도 주지 않았어.

“나는 커서 해녀가 되고 싶어. 그런데 내 친구 중에는 그런 생각을 가진 친구가 없거든. 그래서 늘 바다에서 어른들만 쫓아다녔는데, 오늘은 친구랑 함께해서 정말 너무 신났어.”

소리의 까만 얼굴에 맑은 눈이 반짝반짝 빛났어.

“난 안 신났는데?”

나영이는 퉁명스럽게 말하고 아이들이 있는 곳으로 쌩 달려가 버렸어.

나영이의 마음도 모르고 백작님은 멀리서 둘을 지켜보고 있었어.

"나영이가 소리랑 그새 친해진 모양이네! 허허! 아, 역시 제주도에 오길 잘했어. 이렇게 아름다운 바다를 보며 누워 있으니, 제주에 전해지는 이야기들이 눈에 선하게 상상이 돼. 이제 글을 진짜로 잘 쓸 수 있을 것 같아."

다행히 백작님 마음도 높은 하늘의 동글동글한 구름처럼 가벼워졌어.

0000000

녀석들, 얼마나 재밌게
놀았으면 아주 곯아떨어졌네.
코~.

아, 지영씨는
뭐 하고
있으려나?
그때 제주도에 첫사랑 지영씨랑
처음 왔었는데….

응? 뭐지?
누가 보고 있는
이 느낌은?
오싹

너?
슥

백작님은 안 자고 자기 비밀 이야기를 듣고 있는 존재가 있을 줄은 꿈에도 몰랐거든. 하지만 곧 마음을 놓았어.

"네가 뭘 알겠냐? 사람 말을 알아듣는 것도 아닐 테고! 고양이가 첫사랑을 알겠어?"

냥 작가는 모두 다 알아들었고 사람들에게 이야기를 할 수도 있지만, 비밀을 지켜 주기로 했어. 냥 작가가 의리 하나는 끝내주거든. 냥 작가는 아무것도 모른다는 듯이 하품을 쩍 하고 나영이의 팔에 턱을 괴고 눈을 감았어.

그날 밤
너무 맛있어요, 할머니.
많이 먹어마씸.
공부만 하다가 밥 먹으면 맛이 별론데.
종일 놀고 먹으니까 완전 꿀맛이야.

크크크
꾸벅
꾸벅

영재야, 먹든지 자든지 하나만 해.
으응?

아~함, 바람이 솔솔 부니까 완전 잠도 솔솔 와. 나 잘래.
냥 작가, 찍은 사진을 다 기행문에 넣어야 해?

기행문이라고 경험했던 모든 걸 쓸 필요는 없다냥.
할짝

뒹굴~
여행 과정을 중심으로 쓰면서 경험한 것 중에 가장 마음에 들어온 걸 남기면 된다옹.

그러면 그 글에 도움이 될 만한 사진을 쉽게 고를 수 있다냥.
아하! 뭔가 알 것 같아.

난 녹음이 제대로 됐나 듣다가 잘래.
나도 자야겠다.

네, 여보. 애들 잘 놀아요. 난 정말 종일 일만 하느라 제주도 하늘도 한 번 못 봤다니깐….

눈이 자꾸 마주치는 걸 보니 우린 통하는 게 있나 보다, 냐옹아.
냐옹~.
뜨끔!

백작님은 다시 통화를 이어가며 방으로 들어갔어. 방귀도 마음대로 뽕~ 뽕뽕~ 하고 뀌면서 말이야.

"응. 여보, 잘 자! 나는 일 좀 더 하다가 자야겠다!"

백작님은 그렇게 말했지만, 방 불은 금방 깜깜하게 꺼졌어.

'윽, 냄새! 백작님은 방귀쟁이였다냥!'

하나같이 이불을 걷어차고
자는 걸 보니 아직 아기들이네.
뿡
스윽
커흑!

냥 작가의

기행문 상담소

냥 작가님!

기행문 쓸 때 '재미있다' 말고

다른 표현 없을까요?

마음을 글로 표현하기가 어려워요.

– 수학을 좋아하는 2학년 준혁이

마음을 어떻게 표현해야 할까?

글을 통해 마음을 표현하기 어렵다면 그 마음으로 인해 내가 어떤 행동을 했는지 생각해 봐. 활짝 웃었다던가, 폴짝폴짝 뛰었다던가. 마음은 행동으로 표현되는 경우가 많거든. '나는 기분이 좋아서 활짝 웃었다.', '신이 나서 폴짝폴짝 뛰었다.' 이런 식으로 표현하면 돼.

또 다양한 비유를 통해서 표현할 수도 있지. ~처럼, ~같이라는 표현을 써서 다른 것에 빗대어 표현하는 거야. '하늘에 떠 있는 구름처럼 마음이 두둥실 떠올랐다.'

어때, 마음이 멋지게 표현되지 않았니?

냥 작가의 기행문 비법

백작님의 어릴 적 기행문을 살펴보자냥!

봄 방학이 되어 우리 가족은 속리산 법주사로 여행을 갔다. 아빠는 복잡한 마음을 비우고 오자고 하셨다. 한참을 걸어서 도착한 법주사는 생각보다 훨씬 크고 사람이 많았다.

한쪽에 '소원 기와'라는 글씨가 보였다. 우리 가족은 각자의 소원을 적었다. 나는 '동생이 내 말 좀 잘 듣게 해 주세요!'라고 적었고, 동생은 '형이 철 좀 들게 해 주세요.'라고 적어서 엄마에게 잔소리를 들었다. 엄마 잔소리도 줄여 달랄 걸 하고 후회했다.

대웅전쯤 갔을 때 갑자기 배가 아프기 시작했다.

"엄마……, 화장실…… 급해……."

멀리 화장실 문이 보였다. 마치 천국으로 가는 문처럼 반갑게 느껴졌다.

"나는 마음을 비우러 왔는데, 너는 속을 비우는구나!"

아빠는 내 급한 사정도 모르고 웃으셨다. 속을 비우게 된 이번 여행은 아주 오랫동안 기억에 남을 것 같다.

구름보다 높은 한라산에 올라

둥근 해가 떠오른 제주도의 아침을 가르는 우렁찬 소리가 났어.

"오늘도~ 신나게 놀자~!"

나영이가 집이 쩌렁쩌렁 울리게 소리쳤어.

"간식을 좀 챙겨야 하나?"

백작님이 머리를 긁적이며 고민했어. 그 말이 떨어지기가 무섭게 나영이는 총알같이 움직였지. 나영이가 이렇게 아빠 말을 잘 듣는 아이였었나?

컵라면! 뜨거운 물….
미각
컵라면

초코바
귤, 초코바….

준비 끝!
너 한라산에
먹으러 가냐?

세계적인 산악인이 말했지.
열심히 산에 오른 자,
컵라면을 먹어라!
웃겨! 어디에도 그런 웃기는
말을 한 사람은 없거든.

음식물 쓰레기는
어쩌려고?
쓰레기가
왜 나와?
난 국물까지 다
후루룩 쩝쩝한다고.

모두 준비됐으면
가자~.
네~.

가즈아! 컵라면 맛집,
한라산으로!
한라산아!
저런 앨 데려가서
미안해.

아이들이 줄줄이 차에 타고 마지막으로 냥 작가도 폴짝 올라탔지. 냥 작가는 여행 온 것은 좋지만 보통 고양이처럼 행세하는 게 영 힘들었어. 그냥 좀 늘어져서 자고 싶었는데 말이야.

"아빠! 빨리 출발해요. 이러다 비라도 오면 어떡해요?"

"좋아! 출발!"

"야호! 오늘도 논다!"

나영이는 그 어느 때보다 더 신이 나서 외쳤어.

차는 아이들을 싣고 열심히 달렸어. 수재는 한라산으로 가는 차 안에서 드론을 꺼냈어.

"이거 촬영용 드론이다! 여기 카메라가 달려 있어. 한라산은 우리나라에서 제일 높은 산이라 한라산 정상에 오르면 구름도 발아래로 보인대. 그 멋진 모습을 이걸로 찍을 거야."

"우와! 멋지다! 나중에 나도 조종하게 해 주라! 내가 1번이다?"

"그래, 근데 진짜 조심, 조심해야 해."

수재는 나영이가 못 미더워 같은 말을 계속 반복했어.

“알았어, 알았어! 나도 드론 조종 많이 해 봤어!”

나영이와 수재가 투덕거렸지.

차가 숲길을 한참 열심히 달리고 있는데, 뭔가 좀 이상했어. 갑자기 부릉부릉 거친 소리를 내더니 점점 느려지며 시동이 꺼졌지 뭐야.

“얘들아, 아무래도 차를 좀 손 봐야 할 것 같아. 어떻게 된 건지 렌터카 회사에 전화를 해 볼게.”

백작님은 차에서 내려서 자동차를 이곳저곳 살펴보더니 한참 동안 전화 통화를 했어.

“흠, 시간이 좀 걸리겠어. 지난 설악산 여행으로 기행문 습작이나 해 봐야겠다!”

이 말을 들은 나영이가 나지막하게 냥 작가에게 물었지.

“냥 작가, 습작이 뭐야?”

“글이나 그림 같은 걸 연습 삼아 해 보는 거다냥.”

“아니, 왜? 한 번 쓰기도 귀찮은 걸 연습까지 한다고! 정말 이해할 수가 없네. 식전 음식 같은 건가?”

영재는 고개를 절레절레 흔들었어.

“나영아, 네가 절대 이해할 수 없는 세계가 있단다! 냥 작가! 기행문은 어떤 구조로 쓰면 돼?”

“다들 너무 공짜로 물어보는 거 아니냥?”

“백작님~~!”

영재가 치사하게 백작님을 부르려고 했어. 냥 작가는 할 수 없이 영재의 입을 막기 위해 기행문 쓰는 비법을 알려 주었지.

영재의 습작 기행문

지난 여름, 우리 가족은 속초로 여행을 갔다.

설악산 케이블카를 타고 산 위로 올라가자, 산 아래로 속초 바다와 집들이 보였다.

산에서 내려와 속초 해수욕장에 갔다. 튜브를 타고 물놀이를 하다가 물을 먹었다. 너무 짰다. 모래사장에서 수재와 모래성을 만들었다. 내가 수재보다 훨씬 더 크고 멋지게 만들었다.

저녁을 먹으러 횟집에 갔다. 부모님은 회를 드셨다. 나와 수재는 칼국수를 먹었다.

다음 날에는 아바이 마을에 갔다. 갯배를 타고 강을 건넜다. 갯배는 줄을 당겨서 움직이는 배였다.

숙소에 돌아와서 바닷가에서 주운 조개껍데기를 정리해 보았다. 반짝반짝 보석 같았다.

속초는 산과 바다를 모두 볼 수 있는 곳이라 좋았다.

영재는 자기가 쓴 글을 냥 작가에게 보여 줬어.

"어때? 여정에 대해서 특히 잘 쓰지 않았니?"

"어디 보자냥!"

그런데 냥 작가가 고개를 갸웃했어.

"이 글에는 중요한 것이 빠져 있다냥!"

"뭐가?"

"감정! 감정이 빠져 있다냥!"

"여기 있잖아! 마지막에! '속초는 산과 바다를 모두 볼 수 있는 곳이라 좋았다.' 여기 썼잖아! 좋았다고!"

"기행문은 보고서가 아니다냥! 나만의 경험이 담긴 글인데, 내 감정이 더 자세하고 중요하게 다뤄져야 한다냥. 감정이 잘 담겨야 글이 더 생생하고 따뜻해져서 읽는 사람이 공감된다냥!"

"감정? 알겠어! 그럼 감정을 넣어서 다시 써 볼게!"

영재의 수정 기행문

지난여름, 우리 가족은 속초로 여행을 갔다. 학원 방학 특강을 듣지 않을 수 있어서 특히 더 좋았다. 게다가 내가 가장 좋아하는 바다라서 여행 전날부터 마음이 들떴다.

우리는 속초에 도착해서 제일 먼저 설악산 케이블카를 타고 높은 산 위로 올라갔다. 힘들게 걸어서 올라가지 않아도 되니, 편안하게 아름다운 설악산의 모습을 두 눈에 가득 담을 수 있었다.

그다음으로는 속초 해수욕장에 갔다. 튜브를 타고 파도를 타며 신나게 놀다가 파도에 훅 떠밀려 물을 먹기도 했다. 바닷물이 너무 짜서 깜짝 놀랐다.

모래사장에서는 수재랑 모래성을 만들었는데, 역시나 내가 만든 성이 훨씬 더 높고 멋졌다. 나는 참 뭐든 잘한다.

산과 바다를 모두 볼 수 있어서 더 좋았던 속초에 다시 한번 가 보고 싶다. 그때는 가 보지 못했던 다른 아름다운 곳들도 가 봐야겠다.

"다시 보자, 속초야!"

"감정을 이렇게 넣으면 되지? 나는 하나를 알려 주면 열을 알거든!"

영재는 자신을 기특해하며 우쭐거렸어.

"아! 그리고, 글 쓸 때는 다른 사람과 비교해서 자랑하는 것도 좀 자제했으면 좋겠다냥."

냥 작가의 말에 나영이와 수재가 낄낄 웃었어.

"갑자기 글 쓰는 게 좋아지려고 그러네!"

나영이가 계속 키득거리자, 영재는 기분이 나빠져 창밖을 보며 휙 돌아앉았어.

심심해진 수재가 가방을 뒤졌어.

"우리 드론 날려 볼래?"

잘 봐.
이건 위아래로,
요건 전후진….
멍…

알아들었지?
그… 그럼,
빨리 줘 봐.
탁

윙!

슈웅
봤지? 내가 설명은
못 알아들어도
실전엔 강하거든.
역시 못 알아들었군.

휘잉
우왓!

턱!

"헉! 냥 작가, 도와줘! 네가 나무 위로 올라가서 저 드론 좀 꺼내 줘! 응?"

나영이가 간절하게 냥 작가에게 부탁했어. 냥 작가는 한숨을 푹 쉬었지. 나무를 안 탄 지가 어언 몇 개월이라 자신이 없었어.

"나 이제 나무 같은 거 안 탄다냥!"

"냥 작가! 드론 잃어버리면 우리 아빠한테 혼난단 말이야. 사실 이거 우리 아빠 거라고!"

수재가 금방이라도 눈물을 뚝뚝 흘릴 것 같은 얼굴로 냥 작가를 바라봤어.

"내가 올라가 볼게!"

나영이가 그새 나무에 매달려 낑낑거리고 있었어.

"아휴~, 알았다냥!"

냥 작가가 어쩔 수 없이 나무를 타기 시작했어. 영차영차 열심히 올라갔지.

"잘한다, 냥 작가! 우리 영웅! 냥 작가!"

나영이가 신나게 응원을 했어. 냥 작가는 드론이 걸린 나뭇가지로 조심조심 기어갔어.

내, 내가 더
위험하다냥.
길냥이 인생
최대의 위기다냥.
조심조심!
드론이 위험해.
떨어지면
부서진다고!!
추욱
제발!
제발!

"그래, 그래! 거기야!"

나영이가 소란스럽게 두 손을 모으고 외쳤어.

'우두둑.'

나뭇가지에서 소리가 나더니 냥 작가는 땅으로 뚝, 드론은 하늘로 멀리멀리 날아가 버렸지.

"그러게 살 좀 빼라니까!"

나영이가 냥 작가를 째려봤어.

"매일 고기 갖다주면서 숙제 도와 달란 게 누구냐옹?"

아이들은 드론을 쫓아 더 깊은 숲으로 들어갔어. 평평하고 커다란 바위가 있는 곳에 수재가 멈춰 섰어.

"수재야, 왜? 드론 찾았어?"

나영이가 가쁜 숨을 몰아쉬며 물었어.

"아니, 어디로 갔는지 모르겠어. 아무래도 잃어버린 것 같아."

"아휴! 큰일이네!"

나영이가 한숨을 폭 쉬었어.

"우리 너무 멀리 왔다냥! 이제 차로 돌아가야 한다옹!"

"그래, 가자. 그런데 차가 있는 곳이 어느 쪽이지?"

한우가 물었어. 하지만 아무도 대답하지 못했어. 서로 눈치만 보다가 일제히 냥 작가를 보았지.

"나도 모른다냥!"

"냄새라도 맡아 봐! 동물들은 냄새를 잘 맡잖아."

나영이가 발을 동동 굴렀어.

"나는 사람 말을 하게 되면서 동물적인 감각이 거의 사라졌다냥."

"나영이 넌 왜 드론을 만져서 이 난리니?"

영재가 원망스러운 얼굴로 투덜거렸어.

"아니, 수재가 드론을 가지고 온 게 잘못이지! 여행을 다닐 때는 나처럼 귀중품은 안 가지고 다니는 거야!"

나영이는 이 와중에도 당당했지.

그때 수재가 무슨 번뜩이는 생각이 난 얼굴을 했어.

"기억을 떠올려 봐! 우리가 차에서 내렸을 때 자동차의 그림자가 오른쪽으로 향해 있었어. 그리고 우리는 그 반대편 숲으로 들어왔고. 그렇다면 우리는 다시 그림자가 지는 쪽 방향으로 가면 길을 만나지 않을까?"

"음, 역시 넌 내 천재 쌍둥이야!"

영재가 오랜만에 수재를 인정해 줬어.

아이들은 수재의 말대로 그림자가 드리워진 방향으로 걸어갔어. 하지만 한참을 가도 백작님이 기다리고 있는 길은 나오지 않았어.

"이상하다?"

수재가 머리를 긁적였어. 길을 찾으며 찍었던 사진들을 아무리 살펴봐도 길을 찾을 단서는 보이지 않았어.

꼬르륵

멈칫!
왜 그러냥?

나 배가 고프니까 무서워졌어.
배고픈 거랑 무서운 건 아무런 상관도 없다냥.

나는 상관 있어. 배고파서 한 걸음도 못 가겠어.
부스럭
아! 맞다. 내 간식!

툭
컵라면
컵라면

이건 정말
군침 유발인데!

그런 사자성어는
못 들어 본 거 같은데?

내가 만든
말이야.

뭐야?
아는 척할 뻔했잖아.

일단 먹자.
금강산도
식후경이라잖아.

먹는 것에
대한 속담은
잘 아네.

호로록

냠냠냠

북어깡
맛있다냥!

나영이는 싸 온 것들을 모두 먹고 나니 다시 걱정이 밀려왔어.

"우리 이렇게 무작정 걸어 다니는 건 좋은 방법이 아닌 것 같아."

냥 작가는 고기를 못 먹어서 머리가 빙빙 도는 것 같았어. 냥 작가는 높은 바위로 올라갔어.

"여기서 사람들을 기다리자냥. 계속 돌아다니면 우리를 찾고 있는 사람들하고 엇갈릴 수 있다옹."

아이들도 힘을 내서 높은 바위로 올라가 주위를 둘러보았어. 하지만 별다른 게 보이지 않았지.

아이들은 한 목소리가 되어 소리쳤어.

"우리 여기 있어요! 여기요!"

배도 고프고 지쳐서 목소리도 크게 나오지 않았어. 영재는 눈물이 날 것만 같았지만 꾹 참았지. 헨젤과 그레텔처럼 돌멩이라도 떨어트릴 걸 하고 후회했어.

"잠깐만, 얘들아!"

나영이가 귀를 쫑긋하며 말했어.

"무슨 소리가 들리는 것 같아? 잘 들어 봐!"

도와주세요

냥 작가의

기행문 상담소

냥 작가님!

기행문 제목은 어떻게 써야 해요?

뻔한 제목은 싫어요.

-책도 제목 보고 고르는 3학년 현성이

기행문 제목을 어떻게 정할까?

글의 첫인상을 결정하는 제목! 기행문도 제목이 중요해. '제주도에 다녀와서'처럼 뻔한 제목이 싫다면 이렇게 써 봐.

❶ 가장 중요한 내용이 드러나는 제목

예) 가족과 함께한 우당탕탕 속초 여행

❷ 호기심을 자극하는 질문형 제목

예) 내 소원이 이루어질까?

❸ 감정이 느껴지는 제목

예) 우리 할망은 멋진 해녀

냥 작가의 기행문 비법

기행문은 읽는 사람이 함께 여행을 하고 있는 듯한 몰입감을 주는 게 중요하다냥.

글 속으로 '쏙' 빠져드는 기행문 쓰기

현재형으로 써라

보통은 기행문을 쓸 때 문장을 과거형으로 '바다로 갔다.'처럼 쓴다냥. 그런데 '드디어 비행기를 탄다.'처럼 현재형으로 쓰면 글을 읽는 사람들이 그곳에 함께 있는 듯이 생생하게 느낄 수 있다냥. 필요할 때 활용해 보라옹.

새로 알게 된 걸 써라

여행이나 견학을 하면서 새롭게 알게 된 것들을 적어 보라냥. 내가 새롭게 알게 된 사실이나 느낌이라면 내 글을 읽는 사람도 신기하게 느낄 수 있다냥. 새로운 것을 알게 되면 호기심에 사람들은 더 글에 몰입하게 될 거다냥.

누가 내는 소리일까?

"나영아! 무섭게 왜 그래! 무슨 소리가 난다는 거야? 곰이나 호랑이가 나타나는 건 아니겠지?"

영재가 겁에 질려 나영이에게 팔짱을 끼며 말했어.

"호, 호랑이는 없을걸?"

수재도 영재 옆으로 바짝 가깝게 섰어. 나영이는 용기를 내서 징~ 징~ 소리가 나는 쪽으로 발걸음을 조심스럽게 옮겼어.

"야, 이상한 동물이 있으면 어떡해?"

영재가 나영이의 팔을 잡아당겼지.

"냥 작가가 물리쳐 줄 거야! 날카로운 발톱이 있잖아!"

나영이가 너스레를 떨었어. 냥 작가는 나영이에게 안겨 오들오들 떨고 있는데 말이야.

"아니면 귀신이나 괴물이 있을지도 몰라!"

수재의 말에 한우가 소스라치게 놀랐어.

"야아! 귀신 이야기는 진짜 하지 마! 말하면 나온댔다고!"

나영이는 겁에 질려 한 발자국도 안 움직이려고 하는 친구들이 답답했어.

"얘들아! 집에 안 갈 거야? 긍정적으로 생각하자. 기행문에 쓸 흥미진진한 이야기가 생겨서 좋지 뭐! 지금 이 느낌을 잘 기억해 두라고!"

나영이는 겁에 질려 잔뜩 웅크린 친구들을 이끌며 앞장섰어. 그러자 우거진 나무숲을 지나 조금씩 하늘이 훤하게 보이기 시작했어.

'푸다닥.'

알록달록 커다란 새 한 마리가 아이들의 눈앞에서 하늘로 날아갔어.

"으아~!"

아이들은 깜짝 놀라 넘어지고 주저앉고 난리가 났어. 징~ 징~ 하는 소리도 점점 가까워졌지.

그때, 뒤에서 햇빛이 비쳐 천사같이 빛이 나는 모습의 소리가 눈앞에 나타났어.

"으아! 소리야!"

바닥에 주저앉았던 나영이는 벌떡 일어나서 달려가 소리를 끌어안았어. 그러고는 엉엉 울었지. 사실은 나영이도 길을 잃어서 무척 무서웠거든.

"한참 찾았잖아."

소리가 나영이 등을 토닥여 주었어.

학교에서
드론 작동법을 배운 게
이렇게 쓰일 줄
몰랐네.
윙

어딨니? 도대체 어디야?

으악
엥?
으아악
윙
찾았다!

나영이 너 조종기도 버리고
온 거야? 이 사고뭉치야!
그 덕분에
소리가 우릴
찾은 거잖아.
고맙게 생각해.
역시
너희 거였구나.

나영이는 언제든
당당해서 멋있어.
저건
당당한 게 아니라
뻔뻔한 거다냥.

징~ 징~거리는 소리는 드론 소리였어. 산이라 소리가 울려서 으스스하게 들린 거지.

나영이의 얼굴은 콧물에 눈물범벅이 됐어. 영재는 못 볼 걸 봤다는 표정이었어.

"나영아, 이제 그 줄줄 흐르는 콧물 좀 닦지 그래?"

"콧물이 아니라 눈물이야! 기쁨의 눈물!"

"이상하다, 코에서 나오는 것 같은데!"

하지만 새침한 영재 얼굴도 뭐 그렇게 말끔하지만은 않았어.

아이들은 백작님을 만나서 말도 없이 숲으로 들어갔다고 호되게 혼났어. 백작님도 아이들을 찾다가 똑같이 길을 잃었었지 뭐야.

나영아!
한우야!
영재야!
수재야!

파다닥
팍

?

엄마야!
파다닥
고, 고양이도 아닌데
내가 어떻게 날아가는
새를 잡은 거지?

그나저나
너무 깊이 들어왔나?
여기가 어디지?

저… 119죠?
예, 길을 잃어서요.
아, 아니요.
길을 잃은 건 저예요.
애들도 찾아야 해요.
네, 금방
출동하겠습니다.

자동차는 아이들이 숲속을 헤매는 사이에 수리가 끝나 있었어. 백작님과 아이들은 한라산 입구 주차장에 차를 세우고 걸어서 산을 올랐어.

백록담에 다다랐을 때는 마치 꿈속 세상 같았지. 백록담은 한라산 꼭대기에 있는 분화구 호수야. 비가 와서 물이 찰랑찰랑 차 있었고, 산 아래로 구름이 내려다보였어.

"우와! 우리가 구름보다도 높이 있어!"

나영이는 가슴이 벅차올랐어.

"냐옹~."

냥 작가도 이 감동스러운 순간을 사람의 아름다운 다양한 말로 표현하고 싶었지만, 백작님의 눈치가 보여 고양이처럼 말했지.

"아! 여기서 컵라면을 먹었어야 했는데! 그럼 얼마나 꿀맛이었을까?"

"너는 아까 숲속에서 컵라면을 먹을 때도 꿀맛이라고 했거든!"

나영이의 말에 영재가 핀잔을 주었어. 하지만 모두 너무 기쁘고 감사했어. 힘들게 올라온 보람이 있었어.

"아빠! 백록담을 본 이 감동을 평생 기억하고 싶어요."

"그런 마음을 오래 기억하려고 글로 남기는 거란다. 이번 기행문에 그 마음을 꼭 담아 보렴."

나영이가 좋아하니까 백작님도 행복했어. 원고에 대한 고민은 잠시 접어 두었지.

"이 순간을 생생하게 기억하려면 사진을 찍어야지!"

수재가 사진기를 들고 여기저기를 찰칵찰칵 찍었어.

"여기는 한라산 정상에 있는 백록담이다. 구름이 내 발 아래 있고……."

나영이는 녹음기에 지금의 감상에 대해서 종알종알 말하며 녹음을 했지.

그때 소리가 냥 작가에게 살짝 다가왔어.

소리는 냥 작가의 등을 쓰다듬어 주었어. 냥 작가의 볼이 빨개졌지만 아무도 알지 못했어. 냥 작가 볼에는 보송보송 털이 나 있으니까.

"얘들아! 다 같이 사진 한 장 찍자!"

백작님이 아이들을 불러 모았어.

"소리야, 빨리빨리! 너도 와서 같이 찍어야지!"

나영이는 아주 오래전부터 단짝이었던 친구를 부르듯 당연하고 친근하게 소리를 불렀어. 소리는 활짝 웃으며 냥 작가를 번쩍 들어서 아이들이 있는 곳으로 향했지.

"자, 모두 김치~!"

냥 작가의
기행문 상담소

냥 작가님!

여행을 다녀왔지만

재미난 일이 없었어요.

그런데 기행문을 어떻게 재미있게 써요?

-여행이 지루했던 2학년 은채

아무리 지루해도 여행은 여행이야!

아무리 시시한 여행이라도 일상생활과는 다른 경험을 하게 돼. 흥미진진한 사건이 없었더라도 이번 여행의 의미에 대해서 생각을 해 봐. 가족과 평화로운 추억을 쌓았다거나, 새로운 걸 알게 되었다거나.

진짜 글쓰기 고수는 지루함 속에서도 재미를 찾아 글로 풀어 낼 수 있어. 실망스러웠던 일 속에서도 교훈을 찾을 수도 있고, 사소한 것들에서도 행복을 찾을 수도 있지. 계곡에서 시원하게 물소리를 들으며 낮잠을 잤다면, 그것도 소소한 행복이야.

냥 작가의 기행문 비법

글에 생명을 불어넣는 방법을 알려 주겠다냥!

유기농 통조림
하나만
준비하라냥!

글로 생생하게 표현하는 방법

생생하게 표현하려면 오감으로 느낀 것을 잘 표현해야 한다냥. 본 것, 들은 것, 피부로 느낀 것, 맛본 것, 냄새 맡은 것! 그리고 대화체도 잘 활용하면 글을 읽는 사람이 직접 그 말을 들은 것처럼 생생하게 느껴진다냥.

제주공항에서 한우 할머니네 집에 가는 길은 아름다웠다. 까만 돌들이 옹기종기 모여 낮은 담이 되었고, 왼쪽으로는 푸르른 산이 오른쪽으로는 더 푸르른 바다가 보였다. 바람이 내 머리카락을 흩어 놓아서 간지러웠다. 귤나무와 풀도 흔들어 댔는데 바람에서 짭짤한 바다 냄새와 달콤한 귤 냄새가 났다.

"배고파! 지금은 귤 백 개도 먹을 수 있을 것 같아!"

징검다리오솔길이 최고!

냥 작가는 집으로 돌아오는 비행기에서 다시 작은 애완용 동물 가방에 들어가 있어야 했어. 답답했지만 금방 잠들어서 그런대로 참을 만했지.

“냐아아옹! 온몸이 쑤신다냥!”

냥 작가는 익숙하고 편안한 징검다리오솔길에 돌아왔어. 그리고 늘어지게 고양이 기지개를 켰지.

“아, 역시 징검다리오솔길이 최고다옹! 여행은 힘들다냥!”

냥 작가는 여러 요가 동작으로 몸을 풀며 말했어.

"그래도 좋았다냥, 제주도 여행! 신기하다냥. 너무너무 힘들었고, 또 정말 정말 좋았다냥! 길을 잃었을 땐 정말 무서웠는데, 또 여행이 가고 싶다냥!"

냥 작가는 한가로운 공원에서 혼자 중얼거리며 요가 동작을 이어갔어.

그때, 평화로운 냥 작가의 요가를 방해하는 우렁찬 소리가 들렸어.

"냥~ 작~ 가~!"

뭔가 부탁할 때 나오는 애교 섞인 목소리로 냥 작가를 부르며 나영이가 달려왔지, 한우도 함께.

"우리가 쓴 기행문 좀 봐 줘!"

나영이가 공책을 쓱 내밀었어.

"아, 배가 고파서 글이 눈에 안 들어온다냥!"

"여기 싸 왔지! 오늘은 특별히 꽃등심!"

한우가 고기를 짠 하고 꺼냈어. 오랜만에 먹는 부드럽고 고소한 한우 맛에 냥 작가는 기분이 좋아졌어.

"냐앙, 어디 글 좀 볼까냥? 아! 먼저 기행문을 쓸 때 자주하는 실수부터 알아보자냥!"

기행문을 쓸 때 자주 하는 실수 세 가지!

시간 순서가 뒤죽박죽

여행을 가면 여러 곳을 다니게 된다냥. 그런데 시간 순서를 왔다 갔다 하면 읽는 사람이 이해하기 어렵다냥. 그러니까 시간 순서대로 쓰는 게 좋다냥.

너무 자세한 정보, 너무 부족한 정보

여행을 가면 많은 것을 보고 듣고 알게 되는데, 이것을 전부 다 쓰면 너무 지루한 글이 된다냥. 그렇다고 너무 적게 쓰면 글을 읽는 사람이 별다른 재미를 느끼지 못할 수 있다냥. 그러니 중요한 것들 위주로 중요한 정보들을 적당히 넣는 것이 중요하다냥.

시간 순서대로 정보만 가득하면

어디를 갔고, 무엇을 했고, 이렇게 정보만 쓰면 공감과 감동을 주기 어렵다냥. 내가 느낌 감동과 감정이 잘 전달되게 써야 좋은 기행문이 된다냥.

나영이의 기행문

자연이 아름다운 제주도

지루한 하루하루가 반복되던 어느 날, 아빠가 글을 쓰기 위해 제주도에 여행을 간다고 해서 나도 함께 제주도 여행을 가게 됐다. 한우, 천재 쌍둥이와 냥냥이도 같이 갔다. 너무 신났다.

"야호! 학교 빠지고 놀러 간다!"

제주도는 정말 신기한 게 많았다. 한우네 할머니 댁에는 마당에 흑돼지가 있고, 집 주위에는 귤나무도 있었다. 할머니가 해 주신 음식들은 다 맛있었다. 한우의 제주도 친구 소리와 바다에서 전복하고 소라도 잡았는데, 대결에서 져서 엄청 많이 속상했다.

가장 기억에 남는 것은 한라산을 오르다가 길을 잃었는데, 우여곡절 끝에 아빠와 소리를 만나 정상에 오른 것이었다. 산 정상에서 크고 아름다운 호수, 백록담을 내려다볼 때의 감동은 정말 잊히지 않는다.

다음에는 일하시느라 바빠서 함께 못 간 엄마와 제주도에 꼭 다시 같이 가고 싶다.

처음, 중간, 끝에
맞춰서
잘 썼다냥.

한우의 기행문

할망이 계신 제주도

제주도에는 우리 할망이 살고 계신다. 할망은 제주도 사투리로 할머니이다. 부모님이 식당을 하셔서 제주도에 자주 못 갔는데, 백작님을 따라갈 수 있어서 너무 다행이었다.

할망 댁에 도착하니까 마음이 뭉클했다. 그 사이 더 주름이 많아진 할망이 달려와 나를 꼭 안아 주셨다. 나한테는 할망이 제주도이고 제주도가 할망이다.

제주도에 사는 친구 소리가 나를 만나러 왔다. 나영이와 소리는 서로 흘겨보는 것 같았다. 왜 그랬을까? 바다에서 소라 잡기 대결을 할 때는 정말 누구를 응원해야 할지 곤란했다.

"이기는 편! 우리 편!"

한라산에 올라 나영이가 싸 온 라면도 먹고, 백록담에서 다 같이 사진도 찍었다. 내 고향이 제주도인 것이 자랑스러웠다.

제주도에서의 나흘은 너무 빨리 지나갔다. 할망과 헤어져서 집으로 돌아오는 일은 언제나 슬프다.

'할망, 다음에 만날 때까지 건강합서!'

으하하, 역시 기행문은 내가 제일 잘 쓸 줄 알았어!
쩌렁
쩌렁

아우! 시끄러워!

냥 작가, 내 것도 읽어 봐. 재들이랑은 완전히 다르다고.

냥 작가만 보여 줄게. 나영아, 한우야! 베껴 쓸 생각하지 말고 저리 좀 비켜 줄래?
허, 나, 원, 참! 베껴? 누가? 내가? 네가 쓴 거 봐 달라고 매달려도 안 봐.
휙
휙
보여 주면 나는 볼 수 있는데.

뭐야?
아, 아니야. 안 볼게.
--;;

다시 고쳐서 영재보다 더 멋진 기행문을 쓸 거야!
어디 한번 보자냥?

영재의 기행문

한라산이 멋진 제주도

나영이와 한우가 제주도에 여행을 간다는 소식을 들었다. 여행이 창의력에 도움이 될 것도 같아서 나도 함께 가기로 했다. 여행을 통해서도 배우려는 나의 자세, 멋지다.

한우네 할머니 집은 현무암으로 된 낮은 돌담과 억새로 그물처럼 엮어서 덮은 초가지붕이 정다운 느낌이었다. 소리라는 한우 친구도 만났다. 소리는 어딘가 나영이랑 비슷한데 더 똑똑해 보였다. 하지만 제주도에도 나만한 인재는 없는 것 같다.

우리는 한라산에서 드론을 가지고 놀다가 길을 잃고 말았다. 다행히 소리가 우리를 찾았다. 사실 조금만 더 있었으면 내가 길을 찾았을 것 같긴 했다. 한라산 정상에 오르니 구름도 내려다보였다. 지금까지 본 풍경 중에 제일 아름다웠다.

집에 돌아와서 밀린 학원 숙제를 하느라 매일 바쁘지만, 그래도 내 마음속에 한라산이 우뚝 서 있는 것 같아 행복하다.

"어때? 여기 첨부 자료로 내가 그린 그림도 넣었어."

영재가 뒷장을 펼치며 말했어.

"냐앙. 처음, 중간, 끝 구성도 좋고, 처음에 여행을 가게 된 동기도 있고, 시간의 순서대로 가장 인상 깊었던 한라산 등산을 위주로 감상도 충분히 넣어서 잘 썼다냥."

"그치? 완벽하지?"

"그런데, 겸손이 빠졌다냥! 시작부터 자랑이다냥! 그럼 글을 읽는 사람들이 공감이 안 된다고 내가 계속 이야기했다냥!"

"아니, 얼마나 더 겸손하게 써야 한다는 거야? 자랑하고 싶은 게 얼마나 많은데, 그걸 다 참고, 내려놓고, 그렇게 쓴 거라고!"

기행문을 고치던 나영이와 한우는 고소해서 키득키득 웃었어. 영재는 성난 황소처럼 콧김을 훅훅 내뿜으며 집으로 돌아갔지.

영재에게 잘난 척을 참으라는 것은 냥 작가에게 한우고기를 참으라는 것과 같아. 물론 영재는 잘난 척이 아니라 진짜 잘난 거라고 하겠지만 말이야.

정말 최소한의
필수 자랑거리만
써 놓은 건데,
어쩌라는 거야?
씩씩…

킥킥킥, 쌤통이다.
자랑 대마왕!

알았다, 뭐….
너희도 다시
읽어 보며
빨리 다듬어라냥.
탕탕

쩝. 말 걸기
어려운 자세네.
제주여행

나영이는 빤히 냥 작가를 보고 있는 수재를 봤어.

"수재야, 언제 왔어? 손에 그건 뭐야?"

"아, 이거? 내가 사진 찍은 거 인화해서 시간 순서에 맞게 장소별로 정리해 놨어. 대단하지!"

"나도 캐릭터 카드 정리해 봤거든!"

나영이는 그렇게 말했지만, 수재의 파일이 너무 궁금하긴 했어.

"나도 녹음기에 여행하며 느낀 생생한 감동을 녹음해 놨는데, 우리 서로 바꿔서 볼까? 그럼 기행문을 쓰는 데 도움이 되지 않겠어?"

수재는 정보는 많은데, 그때의 감상이 잘 떠오르지 않아 고민이었어. 그래서 얼른 대답했지.

"아! 잘됐다! 그런데 이거 조심히 봐! 정리하는 데 오래 걸렸단 말이야. 떡볶이 국물 같은 거 흘리고 그러면 안 돼!"

"알았어, 알았어!"

나영이는 수재의 사진첩을 살펴보았어. 한우 할머니네 집에 도착했을 때, 소리를 처음 만났을 때, 바다에서 소리와 대결을 하고 아이들과 물놀이를 했을 때, 한라산에서 길을 잃고 컵라면을 먹었을 때, 정상에 올라 백록담을 바라보았을 때……. 여행의 모든 장면이 담겨 있었어. 사진만으로도 다시 그 감동이 느껴졌지.

"아, 사진을 보니 그때 느꼈던 감동이 되살아나는 것 같아."

이건 해녀인 한우 할머니의 코 고는 소리다.
뭔가 찡한 마음이다. 나는 잠깐 소리랑
대결한 것만으로도 엄청 힘들었는데,
몇 시간씩 물질하시는 할머니는 얼마나 힘드실까?

드디어 월요일, 기행문을 내는 날이야. 나영이와 한우는 열심히 쓴 기행문을 가지고 학교로 향했지.

"선생님이 내 기행문을 보고 너무 잘 써서 아빠가 써 주신 줄 아는 건 아니겠지?"

나영이는 숙제를 열심히 하면 이렇게 두근두근 기분이 좋다는 걸 깨달았어. 대충, 억지로 한 숙제를 들고 학교에 갈 때랑은 기분이 완전히 달랐어.

꼬꼬쌤은 체험학습으로 학교를 빠졌던 나영, 한우, 수재, 영재를 특히 더 반겨 주셨어.

아이들은 그런 선생님께 기행문 형식으로 쓴 체험학습 보고서를 당당하게 내밀었지.

"어머! 우리 삐악이들 기행문을 너무 잘 써 왔네! 꼬꼬쌤 감동했어! 자료도 풍부하고 여정과 견문과 감상이 적절하게 잘 들어가 있어! 좋은 기행문의 조건을 다 갖추고 있네! 여행을 통해서 우리 삐악이들이 많이 성장한 것 같구나."

꼬꼬쌤은 갑자기 아이들의 보고서를 탈탈 털었어.

"어머! 그런데 여기 고양이 털이 왜 이렇게 많이 붙어 있니?"

꼬꼬쌤이 알려 주는 좋은 기행문 조건

1

내용이 충실한가?

—장소, 활동, 사건을 구체적으로

—감정이나 생각이 잘 드러나게

2

글이 짜임새 있게 구성되었는가?

—처음, 중간, 끝으로

—시간의 순서대로

3

문장 표현이 생생하고 정확한가?

—다양한 표현이 사용되게

—진솔한 마음을 담아서

—맞춤법과 띄어쓰기가 바르게

그런데 백작님은 원고 마감을 했냐고? 백작님은 제주도에서 마지막 밤에 하도 글이 안 써져서 아이들이 잠든 후 마당에 나가서 소원을 들어준다는 돌하르방의 코를 문지르며 소원을 빌었어. 그것 때문이었을까, 그날 밤에는 원고를 꽤 많이 썼어. 하지만 아직 다 끝내지는 못했어.

"성산일출봉 해돋이를 보며 소원을 빌었어야 했는데, 못 했네!"

백작님은 책상에 앉아 아쉬워했어. 하지만 곧 일어서서 거실로 갔어.

"하암~, 요즘은 왜 이렇게 낮에 졸린 거야?"

백작님은 햇살이 드는 소파에 누워 고양이처럼 웅크리고 낮잠이 들었어.

냥 작가의 기행문 상담소

냥 작가님!

여행 가서 노느라 바빠서

사진도 못 찍었는데,

기억이 잘 안 나요.

- 노는데 진심인 3학년 태혁이

여행 기억 떠올리기

여행을 같이 간 사람에게 사진을 보여 달라고 부탁해 봐. 사진을 보면 여행 가서 있었던 일이 떠오를 거야. 그것도 없다면 시간 순서대로 했던 일들을 종이에 적어 봐. 함께 여행을 갔던 사람들에게도 물어보고.

머릿속으로만 생각하지 말고 종이에 적는 게 중요해. 빨리 안 적어 두면 더 잊어버릴 테니까.

냥 작가의 기행문 비법

기행문도 동화처럼 중요한 사건을 중심으로 쓰면 더 재미있어진다냥!

기행문도 동화처럼 흥미진진하게 쓸 수 있다냥. 동화의 발단, 전개, 위기, 절정, 결말의 구조를 활용해서 써 보라냥.

다른 이야기책처럼 이야기가 시작되고 사건이 생기고, 그 사건이 절정에 이르며 해결되는 거다냥. 기행문에 리듬감을 살리려면 다른 자잘한 경험들은 간단하게 넘어가고, 중심이 되는 사건에만 힘을 주어 쓰면 된다냥. 처음과 끝부분에서도 그 사건과 관련 있는 마음의 변화나 깨달은 점을 보여 주면 더 좋다옹.

무엇보다 글을 쓰는 사람이 신이 나서 써야 읽는 사람도 신이 난다는 사실을 기억해라냥. 기행문은 지루한 글짓기 숙제가 아니다옹. 기행문도 잘 쓰면 아주 재미있는 글이 될 수 있다냥!

에필로그

체험학습?
네, 선생님.
결혼 약속한 신랑이 육지에서
잘 배우고 있는지 보러 가요.
그… 그래?
잘 다녀오렴.
에에 에잉취!
재채기가
왜 그래?
몰라? 갑자기
으슬으슬하고 불안하네.
뭔가 엄청난 일이 생길 거 같은!
와! 신나는 일이
생기는 거 아니야?
새로운 모험이다!
불안하다니까….

한우가 좋아하는 반찬을
조금 싸 놨주게.
육지 갈 때 좀 전해 줍써.
조… 조금이요?

한우가 입 짧아신게
많이는 못 쌌주게.
제주 돼지로 태어나
육지 여행할 기회가 생기는 건
감사할 일이지꿀.

제주국제공항
한우야, 기다려!
내가 간다!!
냥 작가야,
나도 간다꿀!

추억을 담아
기행문을
꼭 써 보라냥!